AF243398

OBSERVATIONS

SUR LE BUDGET DE 1816,

ET

SUR LE RAPPORT DE M. LE Comte GARNIER

A LA CHAMBRE DES PAIRS;

PAR M. DE BOURRIENNE,

DÉPUTÉ DU DÉPARTEMENT DE L'YONNE.

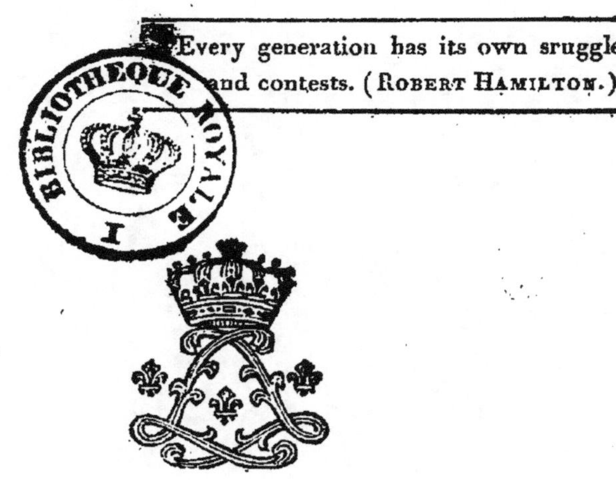

A PARIS,

L. G. MICHAUD, IMPRIMEUR DU ROI,

RUE DES BONS-ENFANTS, N°. 34.

———

M. DCCC. XVI.

OBSERVATIONS

SUR LE BUDGET DE 1816,

ET

Sur le Rapport de M. le Comte GARNIER
à la Chambre des Pairs.

———

LA loi de finances de 1816, est une de celles qui a le plus agité les esprits, occupé l'attention et partagé les opinions. C'était l'inévitable résultat de l'importance des objets dont cette loi traitait, des nombreux intérêts particuliers qui devaient se trouver plus ou moins froissés, du travail prolongé de la commission, et de la longue discussion dans la chambre des députés. L'honorable rapporteur de cette loi à la chambre des pairs, en proposant son adoption, ne l'a motivée que sur *la nécessité de faire cesser l'état de crise et de souffrance dans lequel sont,* dit-il, *les finances depuis quatre mois.* Il est en effet peu d'articles qui aient échappé à sa censure : peut-être eût-il été préférable de faire des amendements, que de discréditer, en proposant son adoption, et de jeter de la défaveur sur une loi, à l'exécution de laquelle se rattachent de si grands intérêts. Cette considération, l'importance du rapport, le nom de son auteur, m'ont déterminé à lui répondre par quelques observations. Je dois, avant tout, justifier la chambre du reproche très grave, mais non mérité, qu'on lui a souvent fait, d'avoir contribué à diminuer les ressources du trésor par la prolongation de la discussion de la loi de finances.

Cette loi, il est vrai, n'a pu être mise à exécution que vers le commencement de mai, et dans des temps ordinaires, tous les recouvremens devraient commencer au premier janvier. Mais à qui faut-il attribuer ce retard? Ce n'est ni au ministère, ni à la chambre. Le ministère est assez justifié par les impérieuses circonstances qui l'ont empêché de présenter plus tôt le budget; la chambre, par l'étendue et l'importance du travail qui lui était soumis. Car, à moins de voter de confiance et sans examen dans les bureaux, dans la commission et dans la chambre, les 500 articles de la loi proposée, la discussion de ses bases fondamentales et de ses nombreux détails, devait entraîner de très longs délais. Mais lors même que le travail de la commission aurait quelques avantages sur celui des ministres, toujours est-il vrai de dire que si le trésor a éprouvé, par ce retard, les pertes que l'on a évaluées si haut, rien ne pourrait la justifier d'avoir employé trop de temps même à rédiger un bon plan.

On n'a cessé de dire que chaque jour de retard causait au trésor une perte de 4 à 500 mille francs. Des personnes d'un grand mérite, et peu accoutumées à penser et à parler d'après les autres, ont cependant répété ces assertions. *Il y aura*, disait-on, *dans les six premiers mois un déficit de 100 millions, causé par le retard de l'adoption du budget, parce que, d'après le plan des ministres, on devait percevoir sur le pied de 800 millions de recettes, et que jusqu'à la mise à exécution de la loi, on ne perçoit provisoirement que sur le pied de 600 millions.* Voyons donc ce qu'il y a de vrai dans ces reproches, qui seraient si graves s'ils étaient fondés, parce que nous ne sommes pas dans une position à sacrifier 100 millions à quelques améliorations dans un plan de finances.

La loi du 23 décembre 1815 a accordé au ministre des finances « le recouvrement provisoire » des quatre douzièmes des contributions di- » rectes, et la perception provisoire des impo- » sitions indirectes, d'après les lois rendues » pour l'exercice 1815. »

(6)

On verra par le tableau ci-joint, quelle était pendant la discussion du budget, la position du trésor en vertu de la loi du 23 décembre 1815, comparée à ce qu'elle aurait dû être avec la nouvelle loi. Je ne fais point mention des dix millions abandonnés par le Roi, de la retenue sur les traitements et des 50 millions de cautionnements. La retenue a eu lieu à partir du premier janvier, et la rentrée des cautionnements ne pouvait éprouver ni incertitude, ni réduction.

La différence de 108 millions provient :

1º. de l'augmentation des droits de l'enregistrement et du timbre . . . . . 36,000,000.

2º. De l'augmentation du tarif des douanes. . . . . 15,000,000.

3º. Du produit présumé des six nouveaux droits. . . . . 57,000,000.

TOTAL . . . . . 108,000,000.

L'augmentation des droits sur l'enregistrement et les douanes, montant à 51 millions, aurait produit 17 millions dans les quatre premiers mois de l'année, si la perception eût pu s'en faire à partir du premier janvier. Mais en abrégeant la discussion autant que possible, la loi de finances présentée le 23 décembre, après avoir passé par toutes les formes constitution-

*Montant des contributions directes et in-
directes accordées au gouvernement par
la loi du 23 décembre 1815.*

1°. Contributions directes. . . . . 320,000,000 fr.
2°. Enregistrement, domaines et bois. . . 120,000,000
3°. Douanes. . . { Droits ordinaires. . . 25,000,000
{ Droits sur les sels. . . 35,000,000
4°. Contributions { Droits généraux. . . 50,000,000
indirectes. . . { Tabacs. 40,000,000
5°. Produits di- { Loteries. . . . . . .
vers. . . . . { Postes. . . . . . .
{ Salines. 29,000,000
{ Recettes diverses ac-
{ cidentelles. . . .
Total. . . . . 619,000,000 fr.

*Montant des contributions directes et in-
directes demandées par le budget de
1816.*

1°. Contributions directes. . . . . 320,000,000 fr.
2°. Enregistrement, domaines et bois. . 156,000,000
{ Douanes. 40,000,000
3°. Contributions { Sels. 35,000,000
indirectes. . . { Droits généraux. . . 110,000,000
{ Tabacs. 37,000,000
{ Divers produits. . . 29,000,000
Total. . . . . 727,000,000 fr.

nelles, ne pouvait, dans aucun cas, être exécu-
tée avant le premier mars.

Ce ne serait donc qu'une perte de 8 millions
500 mille francs, que la prolongation de la discussion aurait fait éprouver au trésor sur ces
deux branches de recettes.

Si les six nouveaux droits eussent été adop-
tés, leur produit estimé 57 millions pour l'année
entière, eût éprouvé une réduction de 9,500,000
fr. pour les mois de janvier et février. La
chambre des députés a remplacé le produit présumé de ces droits par des valeurs effectives, ou
des recettes dont la perception remonte au premier janvier. Ces 9,500,000 fr. que la loi du 28
avril fait rentrer au trésor, excèdent d'un mil-
lion le produit présumé de l'augmentation des
droits de douanes et d'enregistrement pendant
les mois de mars et d'avril.

Ce calcul exact qui n'est susceptible d'aucune contradiction, prouve que la discussion
du budget n'a privé le trésor d'aucune rentrée.
C'est aux malheureuses circonstances, qui
n'ont pas permis de présenter plus tôt le budget
de 1816, qu'il faut attribuer le déficit de janvier
et février.

Que l'on juge d'après cela de la vérité de tant
d'autres inculpations si légèrement hasardées
et si facilement accueillies !

Je passe à l'examen du rapport de M. le
le comte Garnier.

PREMIÈRE PARTIE.

Budget de 1816.

L'honorable pair s'est très étendu sur la
théorie des amendements, et sur la doctrine de
la législation des finances.

Je dirai peu de choses sur la théorie des amendements. Les défenseurs des amendements illimités soutiennent que si les chambres n'ont pas
ce pouvoir, il ne leur reste que la ressource du
rejet : leurs adversaires disent que cette faculté
illimitée d'amender, faisant de la loi proposée
une nouvelle loi, attaque la prérogative royale,
à laquelle en appartient seule la proposition.
Ces deux opinions ont été soutenues pendant la
dernière session dans les deux chambres, avec
un égal talent : elles ont donné lieu à des dis-
sertations métaphysico – législatives fort ingé-
nieuses ; mais la chose est restée indécise ; elle
ne le serait plus si l'on pouvait dire *où* doit s'arrêter la faculté d'amender. Tant que la juris-
prudence, sur cette matière, ne sera pas fixée,
l'usage prévaudra, et jusqu'à ce jour la doctrine des amendements illimités a reçu une
sorte de sanction, par la loi des cris séditieux,

la loi des cours prévôtales, et surtout la loi de l'amnistie.

Je ne parlerai de cette théorie des amende-ments que pour ce qui concerne le budget de 1816.

M. le rapporteur dit (1) : « L'article 47 de la » charte veut que la loi de l'impôt, qui sera » portée à la chambre des pairs, soit une pro-» position royale, adoptée par la chambre des » députés. Ce qu'on vous présente aujourd'hui, » ce sont des propositions de la chambre des » députés admises par le Roi. »

Je pourrais répondre que les trois lois que je viens de citer ont été portées à la chambre des pairs, avec des amendements d'une im-portance relative tout aussi grande, sans que l'on ait fait l'objection, *que c'était des pro-positions de la chambre des députés admises par le Roi*; mais je préfère combattre l'asser-tion en elle-même, et prouver qu'elle n'est pas fondée.

En effet, le mode de paiement de l'arriéré est une *proposition de loi faite à la chambre au nom du Roi.*

Les nombreux changements, faits au titre de l'enregistrement, ont été rédigés de con-

____

(1) Page 6.

cert avec M. le directeur-général, et consentis par le ministre des finances, avant d'être présentés à la chambre, par la commission du budget. C'est encore le gouvernement qui, de concert avec la commission, a proposé l'établissement d'une caisse spéciale de dépôt et de consignation pour débarrasser la caisse d'amortissement de tout ce qui pouvait lui être étranger, et l'environner de toute la confiance possible.

Le gouvernement a consenti avec empressement au premier crédit de six millions de rentes.

C'est lui qui a demandé à la commission le second crédit accordé par la chambre le jour même de l'adoption du budget.

La plus grande partie des changements faits aux impositions indirectes, l'ont été de concert avec M. le directeur-général. (J'en excepte les six nouveaux droits, que cependant les orateurs du gouvernement ont faiblement défendus, parce qu'ils regardaient dès le commencement le procès comme perdu.)

Enfin, toute la législation sur les douanes a été consentie dans de nombreuses conférances de la commission avec M. le directeur-général.

Voilà tous les changements faits au budget, et *tous* ont été précédés de la proposition royale, ou accompagnés de l'assentiment royal.

« Si le plan de finances (est-il dit page 11 du
» rapport), n'est pas l'ouvrage du ministre,
» que deviendra la responsabilité morale ? sur
» quelle tête ira-t-elle se placer ? et où cette
» opinion publique, qui a toujours besoin
» d'exercer sa justice, ira-t-elle chercher son
» justiciable ?

» D'un autre côté, quelle espérance de
» gloire, quel intérêt d'amour-propre atta-
» chera le ministre au succès d'un ouvrage
» qui lui est presque entièrement étranger ?
» Condamné à exécuter des mesures qu'il a
» désapprouvées et combattues, quel héroïque
» dévouement, quelle abnégation surnaturelle
» de soi-même ne faut-il pas lui supposer, pour
» qu'il concoure de tous ses moyens à faire
» réussir un plan dont les résultats devront
» nécessairement accuser ou justifier sa ré-
» sistance ?

» Ces considérations, d'un ordre majeur, ont
» déterminé la conduite de la chambre des dé-
» putés de 1814 ; celle de 1815 n'en a point
» été frappée. »

D'après ces principes, à quoi servirait-il de présenter à la chambre des députés le budget sous la forme d'un plan de finances? Il suffirait d'envoyer l'état des fonds à voter pour couvrir les dépenses. Tout ce qui émanerait des bureaux ministériels serait une loi pour les chambres, puisque, discuter, ou changer quelque chose au plan, ce serait mettre le ministre dans l'impossibilité de l'exécuter. Une pareille doctrine n'est véritablement pas soutenable. Il faudrait d'ailleurs qu'un ministre des finances fût inamovible. Car lorsqu'il sera remplacé, le plan de finances n'étant pas l'ouvrage du ministre, *que deviendra la responsabilité morale ? quel intérêt d'amour-propre attachera le ministre au succès d'un ouvrage qui lui est étranger?* etc., etc., etc.

On est sujet du Roi et citoyen avant d'être ministre : et si le projet de loi, que l'on présente en cette qualité, éprouve des modifications, il est de l'honneur et du devoir du ministre, lorsque la loi est adoptée, de la regarder comme son propre ouvrage, et de tout faire pour son exécution. Quant à moi, je suis fort tranquille sur ce point, et j'ai trop bonne opinion du ministre des finances pour ne pas être convaincu que tels sont ses principes, et que telle sera sa conduite.

Je ne vois pas, au surplus, que la chambre des députés de 1814 ait été fortement frappée

de ces considérations, *d'un ordre majeur.*
Car la fameuse loi du 23 septembre y fut très
longuement et très vivement discutée ; elle
ne passa qu'à la majorité d'une voix, et combien de députés se laissèrent séduire par l'as-
surance qui leur fut alors donnée, et dans les
bureaux, et dans la commission, et à la tri-
bune, que l'on ne vendrait pas de forêts, et
que ce n'était qu'une garantie que l'on vou-
lait offrir aux créanciers de l'état (1) !

En traitant l'article des dépenses de 1816,
M. le comte Garnier cherche à établir que les
chambres n'ont le droit ni d'*examiner, ni de
contrôler, ni de régler l'emploi des deniers
publics, et qu'elles n'ont que celui de voter
l'impôt.*

Si M. le rapporteur entend par-là que les
chambres n'ont pas le droit de régler d'avance
l'emploi détaillé des fonds qu'elles accordent,
il a parfaitement raison, et personne, je crois,
ne pense à le leur attribuer. Car ce seraient
alors les chambres qui administreraient, et
nous préserve à jamais le ciel, de l'administration de corps délibérants. Les ministres prépa-
rent leurs budgets d'après les besoins respectifs
de leurs ministères, et la connaissance qu'ils

---

(1) Voir les discussions de la loi de finances de 1814.

ont et qu'*eux seuls peuvent avoir*, de ce qu'exige chaque partie du service public. A cet égard la plus grande latitude leur doit être laissée. Ils soumettent leurs budgets aux chambres, et elles accordent les fonds nécessaires. Voilà la seule marche raisonnable, et c'est aussi celle qui a été suivie cette année. Si dans les rapports de la commission on a parlé de quelques économies, de quelques améliorations, ce n'est que comme *indication*, car les sommes demandées ont été *intégralement* votées. Il y a mieux, la chambre a ouvert un crédit de six millions de rentes au gouvernement, et il n'est venu dans l'idée de qui que ce soit, de lui désigner l'emploi qu'il en devait faire.

Mais si M. le rapporteur entend que les chambres, en votant le budget de l'année suivante, n'ont pas le droit d'*examiner* l'emploi des fonds accordés par celui qui l'a précédé, il a, je crois, tiré une conséquence forcée du principe de l'*indépendance de l'administration*, et hasardé une doctrine qui n'aura pas, j'espère, beaucoup de défenseurs. Il faut d'abord bien convenir de la différence essentielle qu'il y a entre *déterminer* et *régler* d'avance l'emploi des deniers publics, ou *examiner* si l'emploi des fonds accordés a été légalement fait. C'est ce droit d'examen seul qu'ont les chambres, et ce droit est inhérent même à leurs autres droits.

En effet, comment pourraient-elles voter l'impôt de l'exercice qui va s'ouvrir, si elles n'en connaissaient pas les besoins et les ressources? Comment connaîtraient-elles ces besoins et ces ressources, si elles ne connaissent pas le déficit ou l'excédant de l'exercice précédent? et comment connaître cet excédant ou ce déficit, si elles n'examinent pas les dépenses des ministères et l'emploi des recettes qu'on leur a allouées?

Quoi, les chambres ouvrent au gouvernement un crédit de six millions de rentes pour dépenses *imprévues et indispensables*, et elles n'auraient pas le droit de lui demander compte de l'emploi de ce crédit!

Un autre crédit de six millions de rentes est ouvert pour diminuer, s'il y a lieu, nos charges pour l'avenir, et les chambres ne pourraient pas demander ce que l'on en a fait!

Rendons aux ministres la justice qui leur est due; ils ont eux-mêmes demandé que la loi leur en fît une obligation expresse.

Mais, *dit-on, depuis trente années, les finances de la France ne sont plus comme autrefois, enveloppées dans une mystérieuse obscurité. On publie tous les ans le compte détaillé des dépenses et des recettes.*

Et qu'importe la publicité des comptes par la voie de l'impression, si les chambres n'ont le droit ni de les examiner, ni de les contrôler ?

M. le rapporteur, sentant bien à quels abus pourrait donner lieu sa doctrine, cherche à en diminuer le danger, en se rejetant sur la responsabilité des ministres.

Mais, d'après son système, la responsabilité serait illusoire ; car, pour accuser, il faut des faits, et comment s'en procurer si les dépenses sont soustraites de droit à l'examen des chambres ?

Pour nous rassurer encore davantage sur la crainte des abus, on nous parle du châtiment de plus de vingt surintendants des finances. Mais le supplice d'Enguerrand-de-Marigny, et le bannissement de Fouquet, et la punition de vingt autres surintendants n'ont jamais rempli les coffres de l'état, épuisés par leurs dilapidations, ni soulagé la misère des peuples victimes de leurs concussions ! La société reçoit toujours plus de dommages d'un délit commis, qu'elle ne gagne à sa punition ; il y a toujours plus d'habileté et d'avantages à prévenir le mal qu'à en punir les auteurs. *Mone, ne arguas.* Ce principe si généralement vrai s'applique bien plus

Budget.

2

particulièrement encore à ce qui concerne les finances, où les délits et même les erreurs ont de si funestes conséquences. Car c'est presque toujours par les finances que les états périssent.

Mais lorsque l'*emploi* des revenus publics est examiné chaque année avec sévérité par des corps indépendans, il ne peut y avoir que de très légers abus. Le remède est immédiatement appliqué au mal, et il est difficile qu'il se renouvelle sous une sévère et périodique surveillance.

J'aurais pu me dispenser de répondre à cette partie du rapport de l'honorable pair. J'aurais pu me contenter de l'opposer à lui-même. Peut-être, en 1814, limitait-il trop le *pouvoir de l'administration en matière de finances.* On en jugera par l'extrait suivant de son opinion sur le budget de 1814 (1).

« A la vue d'une aussi monstrueuse dilapi-
» dation de la fortune du peuple, il serait diffi-
» cile de ne pas s'arrêter quelques instants, et
» de ne pas prévenir en quelque sorte votre im-
» patience, en faisant ici une question que cha-
» cun de vous, sans doute, est pressé de faire.

---

(1) Opinion de M. le comte Garnier, pair de France, sur le projet de loi relatif aux finances.

N. B. La clôture de la discussion n'a pas permis que cette opinion fût prononcée.

» Comment se peut-il que dans un pays où il
» existait un simulacre au moins de représen-
» tation nationale, où chaque année le budget
» était voté par un corps législatif, où les
» comptes de l'administration des finances, et
» ceux du trésor public *étaient imprimés et*
» *publiés tous les ans avec les plus minutieux*
» *détails*, et jusqu'à des listes nominatives des
» parties prenantes, le gouvernement ait pu
» parvenir à dévorer en quelques années 1,650
» millions au-delà des impositions légales dont
» il rendait compte, et de toutes les contribu-
» tions illégales et arbitraires dont il se dispen-
» sait de compter ?

» On aura, Messieurs, pleinement satisfait
» à la question par ce peu de mots : c'est qu'il
» n'existait point de *constitution libre ni de*
» *responsabilité dans les ministres.*

» A dieu ne plaise que j'entende ici adresser
» un reproche direct aux ministres de l'ancien
» gouvernement ! Il serait injuste et barbare de
» leur faire un crime de leur soumission à une
» volonté absolue, sous laquelle gémissait tout
» le continent de l'Europe ; mais comme cet état
» de choses est irrévocablement détruit, comme
» il ne peut plus exister en France que des mi-
» nistres responsables, comme la chambre des
» pairs est appelée à juger ceux qui s'écarte-

» raient des devoirs que leur prescrit la cons-
» titution, il n'est pas hors de propos d'établir
» ici *les principes qui règlent la responsabilité*
» *des ministres dans la matière si importante*
» *des dépenses publiques dont l'administra-*
» *tion leur est confiée.*

» Chaque ministre présente à la fin de l'année
» le *budget des dépenses* de son ministère
» pour l'exercice qui va s'ouvrir. Ce budget se
» compose de *dépenses fixes*, sur lesquelles il
» ne peut y *avoir aucune incertitude*, et de
» quelques dépenses variables consistant en
» consommations dont les quantités et les prix
» ne peuvent pas être rigoureusement détermi-
» nés, mais cependant qu'il est facile d'*évaluer*
» *d'une manière très approximative*. Le mi-
» nistre doit apprécier ces dépenses variables,
» mais néanmoins avec assez de latitude pour
» que le service dont il est chargé ne puisse
» être compromis. C'est d'après cette apprécia-
» tion, qu'il est ouvert sur le trésor un crédit
» proportionné aux besoins prévus de son ad-
» ministration.

» *L'engagement qu'il prend envers le peu-*
» *ple, est de n'ordonner aucune autre dé-*
» *pense, et de ne rien consommer au-delà des*
» *besoins qu'il a indiqués. Toute dépense or-*
» *donnée par le ministre, et non prévue dans*

» *son budget, est une dilapidation de deniers*
» *publics, un abus de la confiance nationale*
» *et un grief d'accusation contre lui.* Il est
» évident que s'il se permet cette infraction à
» ses devoirs, la dépense ordonnée et non pré-
» vue ne pourra être acquittée par le trésor,
» puisque le crédit ouvert au ministre est limité
» aux *besoins prévus* et *déterminés* par le bud-
» get ; mais cette dépense abusive donne nais-
» sance à un arriéré auquel il faudra pourvoir
» par des moyens extraordinaires, parce que le
» créancier qui a prêté, ou qui a fourni sous la
» foi du ministre, est réellement créancier légi-
» time de l'état.

» Aucune circonstance, quelque urgente
» qu'on la suppose, ne peut justifier la violation
» de ce principe, sans lequel il ne peut pas exis-
» ter de propriété. Portez jusqu'à l'extrême
» cette supposition d'urgence, supposez une
» attaque imprévue de l'ennemi, qui ne per-
» mettrait pas le moindre retard dans les me-
» sures de défense : dans ce cas, le gouverne-
» nement, après avoir pourvu à la sûreté de
» l'état, devrait aussitôt convoquer les deux
» chambres du corps législatif, qui ne pour-
» raient manquer d'approuver les dépenses
» provisoirement ordonnées sous la responsa-
» bilité du ministre, et de voter sur-le-champ

» le supplément de crédit devenu nécessaire. »

Je reviens au rapport de 1816. M. le comte Garnier, dans le deuxième tableau *sur l'augmentation des dépenses*, ne trouve qu'un seul article sur lequel il croit devoir soumettre quelques observations ; c'est celui relatif à la création d'une caisse d'amortissement. Il pense que cet établissement a un caractère tout différent de celui que les ministres avaient l'intention de lui donner quand ils en ont proposé la création ; parce que le nouveau mode de liquidation de l'arriéré mettant les créanciers dans la nécessité de recevoir au pair des valeurs qui éprouvent une perte énorme sur la place, *le gouvernement rachète à bas prix la marchandise dont il a été lui-même le vendeur*. Pour appuyer ce raisonnement, M. le comte Garnier définit la caisse d'amortissement, *un fonds mis en réserve par le gouvernement pour racheter ses propres effets au meilleur marché possible*.

Ce n'est pas, je crois, l'idée que l'on doit se faire d'une caisse d'amortissement ; car il en résulterait que plus les effets publics seraient avilis, et plus la caisse d'amortissement ferait des affaires utiles au gouvernement ; mais comme la dépréciation des effets publics est essentiellement préjudiciable au gouverne-

ment, comment pourrait-elle être avantageuse à
un établissement qui n'en est qu'une émanation?
Une caisse d'amortissement est destinée à sou-
tenir et relever le crédit des effets publics par
l'achat journalier et constant des fonds qui se
présentent sur la place , et par l'emploi des intérêts composés, à de nouveaux achats. L'a-
mortissement périodique de la dette publique
rend possible l'émission modérée de nouvelles
rentes, sans compromettre la valeur de celles
qui existent. D'où il résulte que la situation la
plus florissante d'un état, serait celle où il par-
viendrait à élever jusqu'au pair sa dette long-
temps dépréciée; parce qu'alors au profit ré-
sultant du rachat de sa dette dans son état de
dépréciation , succéderaient des profits incom-
parablement plus avantageux sous le rapport de
ses finances et de son crédit. En effet, un tel
état, en ramenant pour lui l'intérêt au taux
de 5 pour 100, ne serait obligé de consolider
que cinq millions de rentes pour cent millions
d'espèces qu'il recevrait, au lieu qu'aujour-
d'hui il faudrait créer, pour obtenir ces mêmes
cent millions, près de huit millions cinq cent
mille francs de rentes ; et, outre l'inconvénient
de mettre sur la place 3,500,000 fr. de plus ,
l'on sait ce qu'il faut et de temps, et de capitaux
pour les amortir.

L'honorable rapporteur dit (1) : « Qu'une
» disposition particulière à la caisse d'amor-
» tissement lui confie la garde des consigna-
» tions judiciaires , et que cet objet ne paraît
» pas avoir été discuté. »

Je pense que M. le comte Garnier confond
le projet des ministres avec le projet de la
chambre. En effet , le rapporteur de la commission du budget de la chambre des députés
a traité cet objet (2), et a proposé la suppression des articles 66 jusqu'à 71. Beaucoup
d'orateurs se sont également élevés avec force
contre ce mélange d'attributions données à la
caisse d'amortissement, qui n'a trouvé qu'un
seul défenseur. Lorsque la chambre eut adopté
la suppression de ces articles , le ministre,
de concert avec la commission , proposa ,
comme amendement , la création d'une *caisse
spéciale de dépôts et consignations*. L'article 110 de la loi répond au reproche de
l'honorable pair :

« Les ministres du Roi avaient proposé l'éta-
» blissement de six nouvelles impositions indi-
» rectes , qui toutes ont été rejetées (3). Ces

____

(1) Page 44.
(2) Page 25.
(3) Page 52.

» impositions, sans doute, n'auraient pu fournir
» pour l'année présente un produit bien im-
» portant ; mais elles auraient préparé, pour
» l'exercice de 1817, de nouvelles sources
» de revenus , et un surcroît de moyens deve-
» nu si indispensable. Nous ne dissimulerons
» pas que quelques-unes de ces impositions
» présentaient de graves inconvénients ; mais,
» en pareille matière, on ne peut procéder
» que par des essais et des tâtonnements ; et
» la pratique seule enseigne ce qu'il faut aban-
» donner, et ce que l'on peut conserver. »

Etait-ce par des essais et des tâtonnements
que l'on pouvait subvenir aux dépenses de 1816?
Et puisque de l'aveu même du rapporteur,
qui est en cela d'accord avec l'unanimité des
Français, ces nouveaux impôts indirects n'auraient pu fournir qu'un produit *peu impor-
tant, et présentaient de graves inconvénients,*
pouvait-on se dispenser de les écarter sans
compromettre la tranquillité publique, et sans
causer au trésor un déficit considérable? Toute
la France attendait, et attend encore qu'un
bon système de contributions indirectes, portant sur des objets de consommation générale,
vienne alléger le fardeau des contributions
directes, augmenter les ressources du trésor,
et faciliter l'acquittement des charges résul-

tantés des cent jours de l'usurpation. Si l'on pouvait percevoir sur chaque Français, dans le courant d'une année, trois francs, c'est-à-dire moins d'un centime par jour sur tous les objets de sa consommation, on aurait 84 millions de recettes. Voilà tout le problème à résoudre : je ne dis pas que cela soit facile; mais c'est cela seul qu'il faut tenter. Nous ne pouvons arriver à un état prospère que par des contributions indirectes. Ne perdons point de temps à les établir; car, sans cette ressource, nous languirons toujours. Il est, sous ce rapport, bien à déplorer que les personnes chargées de présenter un projet aux chambres, aient eu trop peu de temps pour lui donner ce degré de perfection qui l'eût fait adopter. J'oserais avancer que l'empressement avec lequel la chambre des députés votera un bon système d'impôts indirects, prouvera que l'imperfection de celui qui lui a été présenté, a seule été la cause de son rejet.

SECONDE PARTIE.

Paiement de l'arriéré existant au 1er. janvier 1816.

Nous voici arrivés à l'objet qui a excité le plus de discussions, qui a été le sujet de plus de controverses, qui a été défendu et combattu avec le plus de chaleur. Je partage tout ce que dit M. le comte Garnier sur la nécessité de payer intégralement les créances de l'état, reconnues légitimes ; mais je n'en puis tirer les mêmes conséquences que lui, pour le cas particulier qui nous occupe. Il aurait parfaitement raison, si le premier projet de la commission eût été adopté par la chambre : mais le projet de loi présenté au nom du Roi le 23 mars, et adopté à l'unanimité, a tout-à-fait changé l'état de la question.

Il ne faut pas, en la traitant, perdre de vue la différence de notre situation au mois de septembre 1814 et au mois de mars 1816. Une nouvelle dette venait presque de doubler l'ancienne. Il n'y avait véritablement aucune raison pour mieux traiter les anciens créanciers que les nouveaux. Pour se libérer *également* envers tous, quatre moyens se présentaient :

1°. Payer en numéraire à mesure des liquidations.

2°. Payer en rentes avec des annuités à longues échéances pour la différence du cours au pair.

3°. Consolider purement et simplement valeur nominale.

4°. Et enfin ajourner le paiement au temps où cesseraient nos charges extraordinaires, en donnant un intérêt de cinq pour cent pour toutes les créances, à partir du jour de la promulgation de la loi.

Il n'est pas besoin, je pense, de prouver l'impossibilité du premier mode. Les créanciers eux-mêmes qui connaissent comme tous les Français nos charges ordinaires et extraordinaires, n'ont pas pu même y compter.

Le second mode d'acquittement était un paiement véritablement bien intégral ; mais il avait le grave inconvénient qui n'a point échappé à ceux qui l'avaient d'abord proposé, 1°. De grever l'état de l'intérêt de cinq pour cent de tout le montant de la créance ; 2°. De lui faire souscrire, pour des époques éloignées, des engagements d'autant plus onéreux qu'il les aurait contractés dans le moment où les effets publics sont à un taux très bas.

Le troisième moyen imposait une perte de quarante pour cent aux créanciers, et l'on n'évitait pas le reproche bien fondé que l'on ne saurait jamais trop faire au débiteur tout puissant, qui force son créancier à se contenter de la moitié de sa créance.

Chacun de ces trois modes avait ses défenseurs et ses adversaires, mais aucun n'avait l'assentiment général. Mon honorable collègue, M. le comte de Roncherolles, disposé à proposer un moyen de réunir la généralité des suffrages, fit part de son opinion à la commission des finances : elle se concerta avec le ministre, et le projet de loi du 23 mars, conciliant tous les esprits, fut adopté avec empressement et à l'unanimité.

Il ne faut pas se dissimuler combien est forte l'objection, que le créancier sera contraint de préférer la consolidation à un titre dont le remboursement est renvoyé à un terme éloigné. Mais que peut-on raisonnablement répondre à un état qui dit à ses créanciers: « Vous » connaissez tous les malheurs que j'ai éprou- » vés ; vous connaissez les charges impérieuses » qui pèsent sur moi : les engagements que » j'ai forcément contractés m'empêchent de » me libérer envers vous avant cinq ans : alors » je vous paierai intégralement ; et d'ici à ce » temps, vous recevrez l'intérêt de votre ca- » pital, à raison de cinq pour cent. Si cepen- » dant vous préférez les seules valeurs dispo- » nibles que je possède, je vous les offre ; vous » avez le choix, et ce choix, vous le ferez » quand cela vous conviendra. »

Quel est le particulier qui n'accepterait pas avec empressement de pareilles conditions de son débiteur de bonne foi, dont il connaîtrait les malheurs ?

Mais, dit-on, *pourquoi n'avoir pas au moins rendu les reconnaissances négociables et au porteur ?* Cette mesure eût été désastreuse pour le crédit public et sans avantage pour les créanciers eux-mêmes.

En effet, si les bons de la caisse de service, à l'échéance de quatre ou cinq mois, dont la quantité est si faible, le remboursement si proche et si certain, se font à $1\frac{1}{16}$ par mois, peut-on douter que deux cent millions de reconnaissances négociables, données à une échéance de cinq ans, se dépréciant à mesure des liquidations, que ne soutiendrait aucun rachat, aucun emploi, ne fussent très promptement tombées à ce taux qui eût rendu préférable la consolidation ? C'était évidemment y ramener par un détour, mais avec toutes les fâcheuses conséquences, pour le crédit, d'une circulation de papiers dont la masse eût réagi sur les autres effets publics.

C'est par suite de toutes ces considérations que l'avis unanime de la commission et des ministres a été de ne pas rendre ces reconnaissances négociables.

Après avoir prouvé que le mode de libération adopté était le seul qui, en éloignant toute idée de manque de foi ou de banqueroute, convînt au gouvernement dans les circonstances où il se trouvait, voyons si la masse des créanciers de l'état, qui doivent aussi supporter leur part des malheurs du 20 mars, est beaucoup plus défavorable qu'elle ne l'était avant cette époque, et sous l'empire de la loi du 23 septembre.

Cette loi donnait des obligations royales à trois ans; mais on ne les délivrait qu'à des créanciers privilégiés qui connaissaient les moyens de se faire liquider plus promptement. Les autres créanciers ne pouvaient pas prévoir l'époque de leur liquidation.

La nécessité imposée par la chute des obligations royales, de racheter le lendemain à la bourse, celles qu'on avait délivrées la veille, imposait la nécessité de liquider avec la plus grande réserve, puisque *liquider ou payer en numéraire*, était devenu la même chose. Le terme ne pouvait pas être éloigné, où les économies du trésor, absorbées par cette espèce d'agiotage, n'eussent plus permis d'émettre d'obligations qu'au fur et à mesure de la rentrée des fonds provenant de la vente des bois; et par-là les liquidations se trouvaient suspendues ou du moins extrêmement restreintes.

La nouvelle loi de finances a reculé de deux ans le terme fixé par celle de septembre 1814, et cette prolongation de délai est suffisamment justifiée par les circonstances. Mais elle accorde un intérêt de 5 p. 100 du jour de la promulgation pour toutes les créances, quelle que soit l'époque de la liquidation. En cela, elle a un grand avantage sur la loi de 1814. Cette disposition éminemment juste, et que le projet de loi présenté par le ministre des finances, le 26 février, appliquait déjà aux créances postérieures au 1er. avril 1814, rend moins pénible le sort de cette foule de créanciers qui savent bien quand leurs pièces entrent dans les cartons des liquidateurs, mais qui ne savent jamais quand elles en sortiront.

La loi de septembre 1814 donnait au créancier la faculté de convertir ses obligations en inscriptions sur le grand livre.

La même faculté est accordée par la loi de 1816.

Il n'y a donc de véritable différence que le prétendu gage donné par la loi du 23 septembre.

D'abord, comme l'a très bien observé le rapporteur de la commission de la chambre des députés, l'affectation du produit d'un bien au paiement d'une dette, ne peut être considérée et n'est réellement point un acte translatif de la propriété de ce bien. Une loi qui règle le mode de paiement des créanciers de l'état, ne

constitue pas une obligation à leur profit. Car
une obligation suppose une cause; et tant que
la liquidation n'est point faite, et que la créance
n'est point reconnue, il n'y a pas de cause.
L'on verra plus bas, par l'estimation approximative de l'arriéré, sur quelles bases *erronées*
et *incertaines* l'on faisait un pareil contrat, et
l'on accordait ce prétendu gage.

En second lieu, lorsque la loi de 1814 a été
rendue, la légitimité succédait à l'usurpation ;
un gouvernement juste et paternel à un gouvernement injuste et tyrannique ; une sévère
économie à la plus monstrueuse prodigalité ;
la confiance à l'inquiétude ; la paix à la guerre.
L'on devait donc croire le gouffre de l'arriéré
pour jamais fermé, et l'on pouvait concevoir
alors l'espérance de s'en délivrer en sacrifiant,
pour l'acquitter, une partie des domaines de
l'état. Mais aujourd'hui ce gouffre s'est rou-
vert ; de nouveaux créanciers, tout au moins
aussi légitimes et aussi dignes d'intérêt que ceux
antérieurs à 1814, se présentent pour être
payés. Pourquoi donc ceux de 1810, 1811,
1812, 1813, auraient-ils pour gage les plus
belles propriétés de la France, tandis que ceux
des années 1814 et 1815 en seraient privés? Si
ces derniers, d'après le projet de loi du 26 février, voyaient sans se plaindre leur paiement

ajourné, et, se reposant avec confiance sur la loyauté du gouvernement, se contentaient de ses promesses, pourquoi donc les premiers ne s'en contenteraient-ils pas? Qui pourrait motiver ce singulier privilége, cette injuste préférence?

Il a été suffisamment prouvé combien il était dangereux, impolitique, contraire à la prospérité de l'état, de livrer les forêts à l'insatiable avidité de quelques spéculateurs. Quant à la vente des biens des communes, on ne l'a jamais défendue sous le rapport de la justice, mais sous celui de son avantage pour les communes mêmes; et voici comment l'on raisonnait:

« Les biens des communes sont mal affer-
» més, ou mal administrés; ils paient des
» contributions, ils ne leur rapportent pas plus
» de deux à trois pour 100 : nous allons les
» vendre, nous retrancherons le cinquième
» pour les contributions, et nous inscrirons les
» communes au grand livre pour 4 p. 100 du
» prix de la vente. Par ce moyen, les com-
» munes n'auront plus de frais d'administra-
» tion: elles recevront une augmentation de
» revenu, elles ne supporteront plus de contri-
» butions, et tout sera bénéfice pour elles. »

Il est donc vrai qu'avec des raisonnements

spécieux, on peut espérer quelquefois de faire regarder comme avantageuses, les mesures les plus désastreuses.

Pour se mieux convaincre encore du tort véritable que l'on a fait aux communes, en les forçant d'accepter des inscriptions contre des revenus en terres, qu'on me permette une supposition fort simple. Supposons que Louis XIV, pour payer les dettes de ses guerres ruineuses, eût rendu un édit analogue à la loi du 20 mars; supposons deux communes possédant chacune un bien de 3000 fr. de rentes : le bien de l'une a été vendu, l'autre a conservé le sien. Voyons quelle serait *aujourd'hui* leur situation respective? On a donné à l'une 3000 fr. de rentes sur l'hôtel de ville; ces 3000 fr. après avoir éprouvé toutes les réductions, jusques et y compris la banqueroute des deux tiers, ne vaudraient aujourd'hui que 240 fr. de rentes ou à peu près trois mille fr. de capital; tandis que l'autre commune qui aurait conservé son bien, loué il y a un siècle et demi, mille écus, aurait aujourd'hui au moins dix mille francs de revenus, valant près de trois cent mille francs.

Tel est l'inévitable résultat des changements qu'amène le temps dans les fortunes mobiliaires. La valeur des biens-fonds s'élève en raison de l'accroissement de la prospérité publique et de l'augmentation du numéraire, tandis que les rentes en argent conservent leur valeur nominale.

TROISIÈME PARTIE.

Emprunt de 100 millions.

L'ordonnance du 16 août 1815 a prescrit la levée d'une somme de 100 millions, comme réquisition de guerre. Il n'y est question que du remboursement, par une *répartition définitive de cette contribution de guerre*, des sommes payées au-delà du contingent définitif. Le mot *emprunt* ne se trouve pas dans l'ordonnance. C'est donc à tort qu'on l'a inséré dans l'article 4 du titre 3 du projet de loi du ministre ; et c'est par erreur qu'on l'a laissé subsister dans la loi, en copiant littéralement cet article.

La mesure adoptée par la chambre de rembourser toute la levée en inscriptions au grand livre , n'a pas non plus l'approbation du rapporteur de la chambre des pairs. Cependant, c'est , d'après l'opinion de beaucoup de personnes , une des meilleures mesures qu'ait adoptées la chambre, qui a par-là beaucoup mieux servi les intérêts du trésor que ne le faisait le premier projet.

Le budget ministériel proposait de lever 178 millions sur les quatre contributions directes, pour rembourser cette levée de 100 millions, les 20 millions avancés aux troupes étrangères, et accorder 41 millions de dégrevements. Comment n'avait-on pas prévu que cette charge énorme eût très certainement compromis la rentrée si indispensable des contributions ordinaires? et en cela, l'honorable pair est d'accord avec la chambre des députés. Pouvait-on raisonnablement, pour payer une partie de l'arriéré de 1815, exiger, en 1816, de propriétaires qui voient depuis deux ans passer leurs récoltes dans des mains étrangères, plus qu'on n'a jamais osé le faire dans les temps de la plus grande prospérité? Que répondaient les défenseurs du projet lorsqu'on leur représentait l'impossibilité pour le peuple de supporter une pareille charge extraordinaire, et le danger qu'il y aurait même à la vouloir prélever? *Que c'était un simple mouvement de quittances; que le gouvernement n'y était pour rien; et qu'il recevrait d'une main pour verser dans une autre.*

Mais est-ce bien sérieusement que l'on prétendait faire adopter de pareilles assertions? Qu'importe que le gouvernement y fût ou non pour quelque chose? Il fallait, dans tous

les cas, prélever, sur les petites cotes, 75 centimes du principal de la contribution foncière,
pour rembourser les avances faites par les
gens aisés , et les 20 millions payés par quelques départements aux puissances alliées. Et
voilà où était le mal. Sans doute il eût pu y
avoir une balance pour les départements auxquels on aurait voulu accorder une partie des
41 millions de dégrevements ; mais ces dégrevements eux-mêmes eussent été, pour chaque département en particulier, probable-
ment bien inférieurs à la somme qu'on eût
exigée d'eux pour l'ensemble de l'opération.
Prenons deux exemples : Le département de
l'Aube paie environ 2,880,000 fr. de contributions directes ; l'ordonnance du 16 août 1815
ne l'a taxé, dans la subvention de guerre,
qu'à 70 mille francs. Le projet de loi l'imposait à payer extraordinairement 50 centimes de ses quatre contributions directes, ou
1,440,000 francs. Le département de l'Yonne
paie environ 3,480,000 fr. de contributions
directes ; l'ordonnance du 16 août ne l'a
taxé qu'à 270,000 fr. Les 50 centimes deman-
dés par le projet de budget se seraient élevés
à 1,740,000 francs.

Je le demande, aurait-on accordé, en dégre-
vement, au département de l'Aube, 1,440,000 f.,

et 1,740,000 à celui de l'Yonne ? Non, cer-
tes ; et dans ces pays épuisés et auxquels la
bonté du Roi va donner des secours, les ci-
toyens aisés eussent payé en *quittances* leurs
5o centimes, et les contribuables peu fortunés
les eussent payés en *espèces*, pour rembourser les départements où la subvention de
guerre a excédé la moitié du montant total
des contributions directes. Le même vice de
répartition eût eu lieu entre tous les contribuables de chaque département.

M. le comte Garnier convient que la mesure
proposée par les ministres offrait d'*extrêmes*
inconvénients. Il aurait désiré que l'on con-
ciliât tous les intérêts, en répartissant cette
taxe sur trois ou quatre années. Il se plaint de
ce qu'on fait perdre 40 p. 100 à ces créanciers, dont il regarde la dette comme encore
plus sacrée que celle des autres. Mais d'abord,
pourquoi charger d'avance pendant quatre
ans, pour payer un arriéré, la contribution
foncière de près de 20 centimes par an, lorsque
nous ne savons pas quels seront, d'ici à ce
temps, nos charges, nos besoins et nos ressources ? Et ensuite, sans parler des contribuables, que leur dévouement pour le Roi et
pour leur pays portera à faire le sacrifice de
leur contingent dans cette subvention, en est-il

un seul parmi ceux qui voudront en être remboursés, qui ne préfère 60 p. 100 comptant à un remboursement dans quatre années ? Est-ce donc faire un si grand tort à celui qui a, je suppose, payé cent francs pour la subvention de guerre, et qui en eût payé vingt dans une égale répartition, que de lui rembourser les quatre-vingt francs, avec soixante francs comptant, au lieu de les lui promettre dans quatre ans ?

L'honorable pair exprime de vives alarmes sur l'accroissement rapide de la dette publique. Il voit plus de 40 millions de rentes créées dans une année, non compris celles créées pour les puissances étrangères.

Je crois qu'il y a erreur dans ce calcul.

Le budget de 1816 ouvre au ministre des finances un crédit de six millions de rentes ; mais comme il n'est qu'éventuel et destiné à subvenir, s'il y a lieu, à un déficit dans les recettes, on ne doit pas le regarder comme une création actuelle de rentes.

Un second crédit de six millions est ouvert au ministre, pour diminuer, s'il y a lieu, les charges extraordinaires de la France. Mais si le gouvernement fait usage de ce crédit, ce ne sera qu'une anticipation avantageuse de paiement, et les fonds spéciaux extraordinaires qui

auraient dû subvenir à ce paiement, serviront
aux arrérages et à l'amortissement de ces
rentes.

Le remboursement de la subvention de cent
millions, exigerait cinq millions de rentes.
Mais je ne crains pas d'affirmer que les remises
faites par les contribuables s'élèveront à soixante
millions, et que par conséquent deux millions
de rentes suffiront, si même ils ne sont pas
superflus. Reste donc l'arriéré jusqu'au premier
janvier 1816.

Je sens combien il est difficile de fixer ap-
proximativement la quantité de rentes qu'exi-
gera son acquittement. Les états officiels four-
nis en septembre 1814, en juin et décembre
1815, offrent des différences de deux à trois
cents millions. Espérons que la liquidation définitive amènera un résultat beaucoup moins
effrayant encore que celui du dernier budget.
Tout dépendra de la sévérité dans les liquidations. Mais, en partant même de ce qui a été
avoué et reconnu par les commissaires du Roi,
dans la discussion du budget, l'arriéré de 1814,
qui se montait à 759 millions, et qui dans le
rapport du ministre des finances, au Roi, s'éle-
vait à 390,878,000 fr. se trouverait réduit aujourd'hui à 292 millions (voir dans le Moniteur

du 15 mars, l'opinion de M. le baron Pasquier). De ces 292 millions, il en faut déduire
les 113 millions d'arriéré des caisses et des cautionnements qui ne seraient exigibles, comme
l'a très-bien observé M. le baron Pasquier,
qu'autant que la trésorerie cesserait toutes ses
opérations, et déposerait en quelque sorte son
bilan. Jusques-là, le gouvernement paiera les
intérêts qu'il portera en dépenses aux budgets,
et le capital se rétablira peu à peu et dans des
temps plus heureux.

Sans entrer dans le détail des différentes
créances qui composent une grande partie des
179 millions, il est à prévoir qu'il y aura bien
encore quelques réductions résultantes d'une
sévère liquidation. Mais j'admets que tout l'arriéré *exigible* avant le premier avril 1814, se
monte à 170 millions. Si l'on y ajoute les 200
millions de l'arriéré postérieur au premier avril
jusqu'au premier janvier 1816, cela nécessite-
rait la création d'environ 18,500,000 francs de
rentes, qui, avec les deux millions de l'impôt
de 100 millions, ne feraient que 20 millions
500 mille francs : somme qui n'est que la
moitié de celle que M. le comte Garnier craint
de voir accroître la dette publique.

Le rapporteur espère que *c'est la dernière*

fois que l'on emploiera la ressource d'inscrip-
tion au grand livre, et qu'on se hâtera de le
fermer.

Sans doute il serait dangereux d'abuser de cette ressource, mais il ne serait pas sage non plus de se l'interdire. Lorsque, par des circonstances impérieuses, une nation est forcée de dépenser au - delà de ses revenus, elle n'a que deux moyens pour y subvenir : de nouveaux impôts ou des emprunts. Tout le monde sait qu'il y a une limite aux impôts qu'on ne dépasse jamais impunément. Lorsque les peuples gémissent sous leur insupportable fardeau, toutes les sources de la prospérité tarissent ; il est donc un terme où il faut s'arrêter, et alors il ne reste que la voie des emprunts. Tous les gouvernements y ont eu recours. Un crédit en rentes, ouvert au ministre des finances, est un véritable emprunt. Il serait mieux sans doute de pouvoir emprunter au commencement de chaque année à un taux modéré, la somme dont on prévoit avoir besoin en excédant des recettes. C'est la manière usitée en Angleterre. On débat d'avance la valeur et la quantité des différents fonds publics que promet de donner le gouvernement lorsqu'il fait un emprunt. Les prêteurs paient aux époques fixées par le contrat, et lorsque l'opération est terminée, on consolide chaque espèce de fonds qui a été donnée en garantie. C'est donc bien réellement une *inscription au grand livre*. Il est facile de sentir les avantages de ce mode, mais il ne nous est pas encore permis de nous en servir. Nous sommes forcés de vendre les rentes au cours du jour où nous en avons besoin. C'est emprunter à un intérêt élevé, lorsque les fonds publics sont dépréciés ; mais cet inconvénient est moins grave que celui qui résulte d'un embarras constant dans les finances, de l'inexactitude dans les paiements, du manque de foi aux créanciers, et enfin d'un renouvellement périodique et d'une funeste accumulation d'arriérés. L'augmentation de notre dette a son contre-poids dans la caisse d'amortissement. Cette caisse fortement constituée, est encore faiblement dotée ; mais enfin elle va commencer ses opérations, et avant même que l'on puisse accroître ses moyens, on se convaincra que cette combinaison d'amortissement n'est pas seulement une théorie brillante qui flatte l'imagination, mais une combinaison qui a toute l'autorité d'une vérité mathématique. Gardons-nous donc bien de fermer le grand livre ; ce serait nous interdire les moyens d'alléger nos charges et de faire un grand acte de justice. Prenons à l'impôt ce qu'il peut nous donner, demandons au crédit ce qu'il peut nous offrir. N'abusons ni de l'impôt, ni des emprunts, et nous arriverons *peu à peu*, mais *sûrement*, à un état de choses qui nous permettra de diminuer l'impôt, et de n'avoir plus besoin d'emprunts.

Le rapport de M. le comte Garnier, se termine par ces mots remarquables: « La perte imposée en ce moment aux divers créanciers de l'état, les atteintes portées au crédit, les mesures que nous avons signalées comme dangereuses; tous ces maux ne sont point irréparables. »

Au nom de tous mes honorables collègues, je repousse ces inculpations.

La loi sur les finances *n'impose point de perte* aux créanciers de l'état, puisqu'elle leur accorde 5 pour 100 de leurs créances, et qu'elle leur assure le paiement intégral, lorsque les charges de la France seront acquittées. Ce n'est donc point une banqueroute.

Cette loi ne *porte point atteinte au crédit* puisqu'elle assure le paiement des dépenses, par des rentrées beaucoup *plus certaines* que celles que l'on pouvait espérer du premier projet présenté, et qu'elle ouvre au gouvernement un crédit qui le met à même de couvrir le déficit présumé dans les recettes.

Les députés de 1815 n'ont point proposé de mesures dangereuses, parce qu'ils en sont incapables.

Appellera-t-on mesures dangereuses celle d'avoir substitué la consolidation des cent millions à une imposition de soixante-quinze centimes sur le principal des quatre contributions directes?

Celle d'avoir substitué à la vente, à vil prix, des bois de l'état et des biens des communes, l'ajournement du paiement de nos dettes, avec un intérêt provisoire de cinq pour cent?

Celle d'avoir écarté des nouveaux droits, dont l'établissement eût paralysé l'industrie et compromis peut-être la tranquillité publique?

Nous les appellerons des mesures salutaires.

Sans doute nos maux ne sont point irréparables. Mais ce qui contribuera à les réparer plus promptement, ce sont les améliorations apportées par la chambre des députés au projet de loi de finances.

Le soulagement si universellement demandé de la contribution foncière;

La conservation des biens des communes et des forêts;

La restitution aux conseils généraux de département des fonds spéciaux pour les dépenses départementales;

Une meilleure organisation de la caisse d'amortissement et l'augmentation de sa dotation ;

Le réglement sur la cumulation des traitements ;

Les améliorations dans les impositions indirectes ;

La suppression des six nouveaux droits ;

Celle des entrepôts de terre ;

La défense d'importations par terre des denrées coloniales ;

Une plus sévère répression des délits de douanes, et la recherche des tissus étrangers ;

Et enfin la prime accordée à la navigation de long cours :

Voilà les améliorations incontestables, et j'ose le dire, incontestées, *qui ont rendu nos maux réparables*; et, pour me servir de l'expression de l'un de mes honorables collègues, *la loi de finances de la chambre des députés a résolu d'une manière moins funeste au pays, moins onéreuse pour les contribuables, le triste problème dont la solution était imposée au budget de 1816.*

FIN.

www.ingramcontent.com/pod-product-compliance
Lightning Source LLC
Chambersburg PA
CBHW061249030726
47595CB00004B/1773